Bibliografische Information der Deutschen Nationalbibliothek:

Die Deutsche Bibliothek verzeichnet diese Publikation in der Deutschen Nationalbibliografie; detaillierte bibliografische Daten sind im Internet über http://dnb.d-nb.de/ abrufbar.

Impressum:

Druck und Bindung: Books on Demand GmbH, Norderstedt Germany
ISBN: 9783668872400

Dieses Buch bei GRIN:

https://www.grin.com/document/455576

Michéle Wohlrab

Empowerment im sozialarbeiterischen Alltag. Beziehungswiderstände und Perspektiven

GRIN Verlag

GRIN - Your knowledge has value

Der GRIN Verlag publiziert seit 1998 wissenschaftliche Arbeiten von Studenten, Hochschullehrern und anderen Akademikern als eBook und gedrucktes Buch. Die Verlagswebsite www.grin.com ist die ideale Plattform zur Veröffentlichung von Hausarbeiten, Abschlussarbeiten, wissenschaftlichen Aufsätzen, Dissertationen und Fachbüchern.

Besuchen Sie uns im Internet:

http://www.grin.com/

http://www.facebook.com/grincom

http://www.twitter.com/grin_com

BEZIEHUNGSWIDERSTÄNDE BEI DER UMSETZUNG VON EMPOWERMENT-PERSPEKTIVEN IM SOZIALARBEITERISCHEN ALLTAG.

Seminararbeit

Seminararbeit zum Thema

Beziehungswiderstände bei der Umsetzung der Empowerment-Perspektiven im sozialarbeiterischen Alltag

vorgelegt am:	27.03.18
Von:	Wohlrab, Michéle
Studienbereich:	Soziales
Studienrichtung:	Soziale Arbeit
Studiengang:	Soziale Dienste

Inhalt

1. Einleitung

Die Methode des Empowerments kann als eine Möglichkeit der Definition für eine professionelle soziale Arbeit verstanden werden. „Empowerment" als solches bedeutet Selbstbefähigung, Selbstbemächtigung, Stärkung der Eigenmacht, wie auch Autonomie und Selbstverfügung (Vgl. Herriger 2002, S. 18). Es ist der Versuch, den Blickwinkel auf die Schwächen, durch eine Orientierung an den Stärken und Kompetenzen der Individuen zu ersetzen (Vgl. Galuske 2009, S. 262). Wichtig für diese Methode ist, dass man als professioneller Sozialarbeiter die Enteignung von Macht auf ein Minimum beschränkt und so die Unabhängigkeit und Kompetenz des Klienten fördert (Vgl. Herriger 2002, S. 197). Dieser Vorgang kann einige Widerstände auf der Beziehungsebene hervorrufen und Schwierigkeiten bei der Umsetzung von Empowerment verursachen. Aus diesem Grund beschäftige ich mich in dieser Seminararbeit mit dem Thema: „Beziehungswiderstände bei der Umsetzung der Empowerment-Perspektiven im sozialarbeiterischen Alltag". Diesbezüglich werde ich die Frage „Wie wirken sich Beziehungswiderstände auf die Umsetzung von Empowerment-Perspektiven aus und welche Schwierigkeiten verbergen sich für Klient und Sozialarbeiter hinter diesem Konzept der Sozialarbeit?" klären. Um das Ziel – die Lösung der Frage – erreichen zu können, gehe ich auf folgende Schwerpunkte ein: Ich beginne mit der allgemeinen Definition von Empowerment, um ein Verständnis des Themas zu erlangen. Darauf folgt das Betrachten von Empowerment als Chance für den Beziehungsaufbau zwischen Sozialarbeiter und Klient. Diesbezüglich werde ich beleuchten, was eine Beziehung im Allgemeinen ist und wie sie im Bezug zu diesem Arbeitsstil steht. Im weiteren Verlauf meiner Seminararbeit betrachte ich die Empowerment-Beziehung als Partnerschaft und untersuche die Widerstände, die sich daraus ergeben. Für den Klienten ergibt sich aus diesem Konzept meist eine Überforderung, weshalb ich auf die Legitimität der Expertenmacht hinweise. Ein weiterer Punkt, auf den ich eingehe, ist die Position der Fügsamkeit und Abhängigkeit des Klienten. Um diese Position verstehen zu können, nehme ich Bezug auf den Eigensinn des Adressaten und beleuchte die damit verbundene psychische Belastung des Sozialarbeiters. Ich werde dies anhand eines Beispiels skizzieren. Als letzten Schwerpunkt betrachte ich mögliche Grenzen, der Empowerment-Arbeit, welche aus den Punkten davor resultieren. Am Ende der Seminararbeit werde ich noch einmal auf die Fragestellung eingehen und ein persönliches Fazit der Thematik formulieren.

2. Definition von „Empowerment"

Die Vielfältigkeit der Entstehung von Empowerment ist in unterschiedlichen geschichtlichen Wurzeln zu finden. Grundlegend wurde das Konzept durch die Pädagogik der Unterdrückten, der US-amerikanischen Bürgerrechtsbewegung, dem Feminismus sowie der Selbsthilfebewegung geprägt (vgl. Seckinger 2011, S. 314).
Um Empowerment definieren zu können, betrachte ich den Begriff aus der transitiven Richtung. Der Kerngedanke bezieht sich hierbei auf die Unterstützung und Förderung von individueller Selbstbestimmung und Selbstwirksamkeit durch andere, wie zum Beispiel Sozialarbeiter, Therapeuten und weitere Menschen, die in den psychosozialen Berufsfeldern tätig sind (vgl. Herriger 2002, S. 14). Empowerment fördert dementsprechend auch eine Veränderung der Sicht- und Handlungsweisen der professionellen Helfer. Es wird versucht, der Defizitzuschreibung gegenüber dem Klienten entgegenzuwirken (vgl. Galuske 2009, S. 261). Vielmehr wird der Schwerpunkt auf Ermutigung, Motivation und Erprobung von Selbstgestaltungskräften der Adressaten gelegt. Es sollen Ressourcen der Klienten herausgefunden, sichergestellt und gestärkt werden, um das Bewusstsein der Selbstwirksamkeit zu aktivieren und ein Zurückgreifen auf solche in misslichen Situationen zu ermöglichen. Bei dem Gestalten eines eigenständigen und lebenswerten Lebensraums stellt dieses Konzept der Sozialarbeit eine wesentliche Hilfestellung für die Adressaten dar. Die Aufgabe des Sozialarbeiters ist hier dennoch keineswegs die Bewältigung der Hürden und Handlungsschritte, sondern viel mehr ein Unterstützen, Motivieren und Beraten des Betroffenen. Empowerment ist zusammenfassend die Gesamtheit mutmachender Prozesse, welche Fähigkeiten wie beispielsweise eigenverantwortliches Treffen von Entscheidungen, welche das eigene Leben und damit verbunden alle Lebensoptionen, Bedürfnisse, Interessen und Wünsche angehen, bildet.

Versuchen Sozialarbeiter nicht auf die Schwächen, sondern auf die Stärken des Klienten einzugehen, ermöglichen sie eine Stärkung der Eigenmacht. Das führt wiederum dazu, dass sich Betroffene nicht ausgeliefert fühlen, sondern neues Selbstbewusstsein bilden (vgl. Herriger 2002, S. 17-18). Empowerment stellt für den Beziehungsaufbau zwischen Klient und Pädagoge eine potenzielle Chance dar, da sich Adressaten nicht bevormundet fühlen, sondern mit ihren Problemen ernst genommen und verstanden werden. Es wird ein grundlegendes Vertrauen in den Betroffenen gesteckt, dass dieser das Problem durchaus aus eigener Kraft (mit Unterstützung des Sozialarbeiters) bewältigen kann.

3. Empowerment als Chance für den Beziehungsaufbau zwischen Sozialarbeiter und Klient

Klienten werden bei der Umsetzung von Empowerment-Perspektiven nicht verurteilt, deswegen wird eine Vertrauensbasis ermöglicht und eine produktive Arbeitsbeziehung geschaffen. Um die Auswirkung von Empowerment auf die Sozialarbeiter-Klient-Beziehung tiefer verstehen zu können, werde ich im folgenden Abschnitt klären, was eine Beziehung im Allgemeinen ist und die helfende und professionelle Beziehung in Bezug auf Empowerment beleuchten.

3.1 allgemeine Definition von Beziehung

Eine Beziehung ist eine Verbindung bzw. ein Kontakt jeglicher Art zwischen Einzelnen oder Gruppen (vgl. Duden, https://www.duden.de/rechtschreibung/Beziehung). Sie verknüpft zwei oder mehrere abstrakte oder konkrete Dinge miteinander, in meinem Fall ist die Beziehung zwischen zwei Personen gemeint. Die Alltagspsychologie geht zum einen von der Beziehung als Rollenbeziehung mit funktionellem Hintergrund aus und zum anderen von der persönlichen Beziehung. Die erste beruht sich auf wechselseitige Rollenerwartungen, die zweite hingegen entwickelt sich zwischen Menschen durch ihre Persönlichkeit, ungeachtet der jeweiligen sozialen Rolle. Jede Beziehung besteht immer aus einer Dyade, das heißt - zwei Personen, die im Verhältnis zueinanderstehen und mindestens ein stabiles Interaktionsmuster aufweisen. Die Dyade beschreibt genau dieses Muster der Interaktion und keinesfalls die einzelnen involvierten Personen. Aus der Beobachtung einer Dyade kann durch die stabile Wechselwirkung das zukünftige Verhalten und demnach auch die Beziehung ermittelt werden. Die oben erwähnten Rollenbeziehungen stellen soziale Verbindungen dar, welche durch die sozialen Rollen der Bezugspersonen bestimmt werden. Die Rolle ist ein Grundbegriff der Soziologie, der für alle Positionen eines Menschen steht und die damit verbundenen Rollenanforderungen einbezieht. Jede Person nimmt im Alltag verschiedene Rollen ein, zum Beispiel die Vater- oder Mutterrolle, die Freundschaftsrolle oder die berufliche Rolle. In manchen Fällen stellen Rollenbeziehungen sehr unpersönliche Verbindungen dar, die allein von den Eigenschaften und Anforderungen der Rolle ausgehen und keine persönlichen Inhalte mit sich tragen (vgl. Schreibner 2008, S. 17-18). Ein Beispiel ist das Vorzeigen der Fahrkarte beim Busfahrer.

Die professionelle Beziehung zu einem Klienten stellt eine ähnliche Art der Rollenbeziehung dar. Die Person in der beruflichen Helferrolle muss alle anderen Rollen bei der Ausübung der Arbeit hintenanstellen. Auch der Klient sollte seine Rolle als Hilfesuchender einnehmen. In der sozialen Arbeit stellt man allerdings schnell fest, dass so eine Art der Klientenarbeit nur sehr selten existiert oder die Dauer auf einen kurzen Zeitabschnitt beschränkt ist. Je länger der Zeitraum der Rollenbeziehung andauert, desto persönlicher wird sie dementsprechend auch. Es findet ein Anpassen auf die persönlichen Eigenheiten des Einzelnen statt. Dort, wo bestimmte Verhaltensweisen durch Rollenbeziehungen nicht mehr erklärbar sind, entsteht eine persönliche Beziehung und ein gewisser Grad an Abhängigkeit wird erreicht (vgl. Schreibner 2008, S. 17-18).

3.2 Die helfende und professionelle Beziehung in Bezug auf Empowerment

Bei professionellen und helfenden Beziehungen handelt es sich meistens um eine asymmetrische Beziehung, das heißt, dass eine Verbindung zwischen zwei Personen besteht, die hauptsächlich auf nicht-wechselseitigen Elementen beruht. So lässt sich auch die Verbindung zwischen Sozialarbeiter und Klient beschreiben. Alle Interaktionen die in einem Hilfeprozess stattfinden, werden hier eingeordnet (vgl. Schreibner 2008, S. 18). Daraus entsteht die Grundlage für eine Empowerment-geprägte Arbeit mit dem Klienten. Die Beziehungsarbeit legt hier den Grundstein für den weiteren Hilfeprozess und ist ausschlaggebend für die Entwicklung des Adressaten. Für die zwischenmenschliche Beziehung und dessen Aufbau, werden drei wichtige Elemente beschrieben - Empathie, Wertschätzung und Echtheit oder Kongruenz.

Für den Sozialarbeiter bedeutet Empathie das Verstehen der problemhaften Lebenswelt des Klienten. Unabdingbar für den strukturierten und produktiven Beziehungsaufbau ist, dass der Professionelle sich in dieser Lebenswelt so bewegen kann, als wäre es seine eigene, ohne Qualität der Hilfe abzubauen. Ziel ist es, die Perspektive zu wechseln und aus den Augen des Klienten zu sehen und wie er zu fühlen, aber mit dem theoretischen Wissen welches der Sozialarbeiter besitzt.

Wertschätzung steht in diesem Fall für bedingungsloses Akzeptieren. Die Annahme aller problematischen aber auch positiven Eigenheiten des Klienten ist Voraussetzung für eine gewinnbringende Entwicklung, so reagiert der Professionelle auf Gefühle und Gedanken des Adressaten ohne Verurteilung oder abneigende Bewertungen.

Echtheit und Kongruenz ist unabdingbar, da sie ein wichtiger Teil einer fundamentalen Beziehung darstellt. Die professionelle Hilfe kann nur dann den Grad der produktiven Veränderung des Klienten erreichten, wenn der Sozialarbeiter authentisch ist und eigene Wahrnehmungen, wie positive oder negative Gefühle zur Problematik, in die Beziehung des Klienten einfließen lassen kann – das ist in diesem Fall mit Kongruenz gemeint (vgl. Schreibner 2008, S. 19-20).

Gerade für die Umsetzung der Empowerment-Perspektiven erscheinen mir diese drei Elemente als unbedingt notwendig. Damit die volle Energie, Kraft und Leistungsfähigkeit des Klienten freigesetzt werden kann, muss der Sozialarbeiter erst einmal verstehen, wieso sie momentan unterdrückt ist. Ein Beispiel dafür könnten lebensweltliche Zwänge und gesellschaftliche Erwartungen sein, welche die Entwicklungs– und Bildungsmöglichkeiten blockieren (vgl. Dörr und Müller 2007, S. 38). – siehe Empathie. Daraus folgt, dass Professionelle den hilfesuchenden Menschen, der diese Gründe der Einschränkung aufweist, bedingungslos annehmen muss und ihm „mit einer warmen, entgegenkommenden, nicht besitzergreifenden Wertschätzung" gegenübertritt (vgl. Schreibner 2008, S. 19). Wenn der Klienten wegen seiner Fehler verurteilt wird, kann der Sozialarbeiter unmöglich dessen Eigenmacht stärken und übt so keinen mutmachenden Prozess aus. Wird er hingegen ernst genommen und ihm Anerkennung geschenkt, hilft es ihm bei der Bildung des Selbstwerts und eine Empowerment-orientierte Arbeit ist möglich (vgl. Herriger 2002, S. 18). Letztendlich ist es wichtig, dass der Professionelle dem Adressaten seine Wahrnehmungen mitteilt und ihm deutlich macht, welches Potenzial er in ihm sieht. Er glaubt an ihn und an seine Fähigkeiten, bestimmte Probleme zu bewältigen – bezüglich Kongruenz. Damit auch der Klient daran glauben kann, muss der Sozialarbeiter seine Macht auf ein Minimum beschränken und eine Art Beziehungsmodus wird erreicht. Darauf möchte ich in dem folgenden Abschnitt genauer eingehen (vgl. Herriger 2002, S. 195).

4. Die Empowerment-Beziehung als Partnerschaft („Sharing Power")

Damit eine Partnerschaft gelingen kann, muss das Machtverhältnis in einem gewissen Maße ausgeglichen sein. Beide Partner brauchen Mitspracherecht. Oft übt ein Partner allerdings mehr Macht aus, als der andere. „Grundsätzlich ist es der Einfluss, den Menschen in einer Partnerschaft aufeinander ausüben, der eine Beziehung erst möglich macht.“ (Ilona von Serényi/Heilpraktikerin für Psychotherapie, https://www.paar-ehe-beratung.de/themen/machtverhaeltnisse-partnerschaft-beziehung-machtverteilung.html)

Macht und ein dazugehöriges Machtverhältnis ist in der Arbeit mit dem Klienten unabdingbar. Das Empowerment-Konzept fordert aber, dass Sozialarbeiter die Macht, die sie gegenüber des Adressaten besitzen, so weit verringern sollten, dass ein ausgeglichenes Machtverhältnis entstehen kann. Genau das meint der Begriff „Sharing Power“. Da der berufliche Helfer durch sein professionelles Wissen über mehr Macht verfügen würde und der Klient eher weniger Kompetenz vorweist, entsteht ein Gefälle. Der Sozialarbeiter besitzt an vielen Stellen Überlegenheiten, wie zum Beispiel die Macht über die Dauer und den Umfang der Hilfsleistung und die Expertenmacht über die Definition der Wirklichkeit der Lebensgeschichte des Klienten und dazugehörig die Auslegung davon in amtlichen Diagnosen. Aber auch die Macht der Festlegung der Art und Weise der Beziehungsarbeit, der Kommunikationsrichtlinien und der Interventionsverfahren liegt in der Hand des Professionellen. Aus diesem Grund tappen auch Sozialarbeiter immer wieder in „Macht-Fallen“, obwohl sie sich das Empowerment-orientierte Handeln als Ziel gesetzt haben. Um dem entgegenwirken zu können, ist eine ständige Reflexion auf Seiten des beruflichen Helferarbeiters notwendig. Zusammengefasst ist „Sharing Power“ eine asymmetrische Beziehung, welche durch ein gegenseitig achtendes Selbstbestimmungsrecht geprägt ist und eine Förderung der Chancen des Klienten bezweckt. Die Adressaten dürfen die Dienstleistungsprozesse aktiv mitgestalten und Einsprüche erheben. Eine Empowerment-geprägte Sozialarbeiter-Klient-Beziehung ist offen, machtteilend und aushandelnd. Durch die Machtzuschreibung auf den Klienten wird seine Unabhängigkeit und Kompetenz gezielt unterstützt. Deswegen passt die Beschreibung der Empowerment-Beziehung als Partnerschaft wahrscheinlich am besten (vgl. Herriger 2002, S. 195-197). Typisch für eine partnerschaftliche Beziehung sind aber auch Streitfaktoren aller Art, so kommt es auch auf der Ebene des Arbeitskontraktes zwischen Sozialarbeiter und Klient in Bezug auf Empowerment zu Widerständen.

Um nun die expliziten Störungen der Beziehung herauszubekommen und der Lösung der Frage: „Wie wirken sich Beziehungswiderstände auf die Umsetzung von Empowerment-Perspektiven aus und welche Schwierigkeiten verbergen sich für Klient und Sozialarbeiter hinter diesem Konzept der Sozialarbeit?“ näher zu kommen, befasse ich mich an dieser Stelle mit den Beziehungsstörungen der Empowerment-Perspektiven.

5. Beziehungsstörungen der Empowerment-Perspektiven

Wie ich oben schon angerissen habe, können Sozialarbeiter weitaus über mehr Macht verfügen, als Klienten, das stellt eine zentrale Störung in der Empowerment-Arbeit dar. Aber was sind die speziellen Gründe dafür? Eine Antwort könnte in dem Begriff „Macht-Fallen“ liegen. „Macht-Fallen“ sind Störungen der Wechselseitigkeit zwischen Menschen, in diesem Fall zwischen Klient und Professionellen. Ausgangspunkt für diese Falle ist der Zusammenstoß einer beruflichen Expertenmacht und einer Hilflosigkeit auf Seiten des Adressaten. Sucht ein Klient Hilfe und sieht er keinen Ausgang aus seiner misslichen Situation, rutschen Sozialarbeiter oft von der Rolle des Beraters in die Rollen des bevormundenden Bestimmers, weil sie denken, die Situation (mit ihrem Fachwissen) besser lösen zu können. Damit nehmen sie den Klienten die Macht und die Motivation, selbst eine Lösung zu finden. Ein weiteres Beispiel für „Macht-Fallen“, in die Professionelle meistens unbewusst tappen, ist die Verwendung der sozialarbeiterischen Fachsprache gegenüber des Klienten. Damit wird dem Hilfesuchendem verdeutlicht, dass der Professionelle mehr Ahnung von dem hat, was der Klient eigentlich durchleben muss. Es findet eine (unbewusste) Überstellung über den Adressaten statt. Zudem kommt hinzu, dass Sozialarbeiter über ein weites Spektrum von Konfrontationsmethoden verfügt, die zu einer dominanten Beziehungsarbeit beitragen können. Daraus folgt dementsprechend wieder ein Machtgefälle, bei dem der Professionelle weitaus mehr Bestimmungsrecht auslebt. Nicht selten kommt es zudem vor, dass die beruflichen Hilfsarbeiter das Bedürfnis verspüren, sich dem Klienten überlegen zu fühlen. Der Grund liegt meist darin, dass der Professionelle versucht, sich von der problembehafteten und in seinen Augen unterlegenen Lebenswelt, klar abzugrenzen und seine eigene Identität dadurch zu schützen. Es ist sozusagen ein Entgegenwirken des Vergleichens der verschiedenen Lebenswelten. Bei der Umsetzung der Empowerment-Arbeit sind die Rollen im besten Falle klar definiert. Der Sozialarbeiter nimmt die Rolle des Mentors ein.

Er gibt helfende Hinweise und verfügt über ein „Vorschlagsrecht“, welches ihn befähigt, die Probleme und Belastungen des Gegenübers transparent zu machen und die Wünsche und Ziele des Adressaten (mit seiner Hilfe) klar zu definieren und ein System der Unterstützung, zum Erreichen dieser, zu strukturieren. Der Klient hingegen besitzt das Recht zu entscheiden, wie er im weiteren Verlauf handelt und welche Hinweise er tatsächlich befolgt. Aber auch aus dieser weitestgehend gleichen Verteilung der Rechte, spalten sich wieder neue Widerstände ab, die ich in den nächsten Absätzen thematisiere (vgl. Herriger 2002, S. 196-198).

5.1 Empowerment als Gefahr der Überforderung für den Klienten

Durch die Freiheiten, die der Klient von dem Sozialarbeiter bekommt, kann es auch dazu führen, dass er sich alleine und im Stich gelassen fühlt. Er wird motiviert, Aufgaben selbstständig durchzuführen und über sich hinaus zu wachsen, allerdings nimmt der Adressat das nicht immer als fördernd wahr, sondern sieht darin eine Belastung, Gefahr und Überforderung. Die Aufforderung zur Selbstwirksamkeit und Eigeninitiative übermittelt den Klienten zum Teil eine sehr kühle Anteilnahme an seiner problematischen Situation und kann sogar eine zornige Überreaktion hervorrufen. Das ist vor allem das Ergebnis der „institutionellen Sozialisation in die Abhängigkeit“ (Herriger 2002, S. 198). Wie es dazu kommen kann, erkläre ich in dem folgenden Teil.

5.2 Der Klient in der Position der Fügsamkeit und Abhängigkeit

Eine Vielzahl der Adressaten von Hilfsleistungen haben in ihrer Vergangenheit schon einige Erfahrungen in sozialen Einrichtungen oder mit beruflichen Helferarbeitern gemacht und gehen mit einer gewissen Grundeinstellung an die Leistung heran. Zum Teil erwarten sie eine Abnahme oder Übernahme der Probleme und Herausforderungen. Sie glauben fest daran, dass der „Experte“ Abhilfe schafft und machen sich dadurch abhängig von dem Sozialarbeiter. Eine Hilfsleistung, welche durch Empowerment geprägt ist, bewirkt allerdings eher das Gegenteil und führt zu Enttäuschung und Verunsicherung. Klienten sind es eher gewohnt, sich den Ansprüchen der Professionellen zu fügen und sich darauf zu verlassen, dass es zu ihrem Besten ist. Es findet kein Hinterfragen statt, sondern eine abhängigkeitsbedingte Annahme.

Ohne die beruflichen Arbeiter schafft der Klient keine Veränderung bzw. Verbesserung seiner Lebenssituation – zumindest ist dieser Gedanke in den Köpfen der Hilfesuchenden. Er klammert sich ängstlich an die Ratschläge der Sozialarbeiter und fühlt sich kaum imstande, eigene Wege einzuschlagen und ein Stück weit intuitiv zu handeln. Es besteht eine absolute Abhängigkeit zu dem Professionellen. Aus diesem Grund muss mit der Empowerment-Einstellung sehr sensibel und vor allem individuell umgegangen werden. Zu viel Ermutigung zu eigenen Handlungen kann demnach auch das Gegenteil bewirken. An diesem Punkt wird die Legitimität der Expertenmacht wieder spannend (vgl. Herriger 2002, S. 198).

5.3 Legitimität der Expertenmacht

Der Sozialarbeiter verfügt durch seinen beruflichen Grad über eine Expertenmacht, welche ihn dazu befähigen sollte, die Klienten richtig einzuschätzen. Er trägt die Verantwortung, eine passende und individuelle Hilfe zu stricken und sich eine darauf angepasste Vorgehensweise zu überlegen. Professionelle müssen die Empowerment-Perspektiven dosiert und an richtiger Stelle anwenden, um - wie oben beschrieben – eine Überforderung und Verunsicherung zu vermeiden. Dabei sollte der Gedanke von Empowerment nicht vernachlässigt werden, aber auch nicht durchgängig zentral im Mittelpunkt stehen (vgl. Herriger 2002, S. 198-199). Die Expertenmacht bietet dem Sozialarbeiter das Wissen, in welchen Situationen er welche Handlungsweisen anwenden sollte. Hat der Klient beispielsweise ein schwerwiegendes Problem, aus der er keinen Ausweg sieht und vielleicht sogar eine akute Gefahr entstehen könnte, sollte der Hilfsarbeiter unbedingt eingreifen, soweit er es für nötig empfindet. In diesem Beispiel ist Empowerment ggf. nicht der passendste Weg. Nicht zu vergessen ist auch, dass Regeln und Anweisungen einen Rahmen der Sicherheit bilden, welcher Klienten häufig guttut (vgl. Schmidt und Schneeweiß 1989, S. 243). Die Legitimität der Expertenmacht ist in einem gewissen Maße also durchaus berechtigt und beinhaltet zusammenfassend die Entscheidungs – und Einschätzungsfähigkeit, welche Hilfe, in welchem Maß, die am gewinnbringendste für den Klienten darstellt (schließt Empowerment mit ein). Aus diesem Punkt ergibt sich in manchen Fällen aber auch eine berufliche Herausforderung für die pädagogischen Fachkräfte. Gemeint ist der Eigensinn des Klienten, der nicht selten zur psychischen Belastung des Sozialarbeiters führt (vgl. Herriger 2002, S. 199). Diese Aussage werde ich an dieser Stelle aufnehmen und näher konkretisieren.

6. Der Eigensinn des Klienten

Der Eigensinn des Klienten stellt im Prinzip genau das Gegenteil der Abhängigkeit und Fügsamkeit dar. Wie in Kapitel 2.2 beschrieben, soll die Fähigkeit der Klienten, aus eigener Kraft eine Veränderung hervorrufen zu können, ernst genommen werden. Dafür ist aber ein weitaus tieferer und für Professionelle oft schwieriger Prozess notwendig. Dem Adressaten muss demnach ein Recht auf Fehler zugestanden sein. Auch Entscheidungen des Klienten, die man als Sozialarbeiter als falsch wahrnimmt, müssen akzeptiert werden. Ein „Ausreden-wollen" soll hier also keineswegs stattfinden.

In diesem Zusammenhang ist nochmal zu erwähnen, dass berufliche Hilfsarbeiter eher die Rolle des „Beraters" einnehmen sollen. Nichts desto trotz existieren deutliche Grenzen im Bezug auf den Eigensinn des Klienten. Diese herrschen vor allem an der Stelle, wo andere Personen gefährdet sind. „Überall dort, wo Bedrohung, Einschüchterung, Erpressung oder offene Gewalt im Spiel ist, endet die Empowerment-Praxis und mündet in die Notwendigkeit, Grenzen zu setzen, Übergriffe abzuwehren und Schutzräume zu öffnen." (Herriger 2002, S. 200)
In diesem Fall muss unbedingt eine intervenierende Maßnahme folgen, die im Ernstfall sogar Leben retten kann. Auch bei selbstverletzendem Verhalten der Klienten muss die Selbstbestimmung zurücktreten und ein professionelles Eingreifen wird erforderlich. Der Personenschutz steht schlussfolgernd über nahezu jedem methodischen Handeln und somit auch über der Empowerment-Arbeit. „Wir dürfen uns nicht der Verantwortung drücken, Menschen zu beschützen; aber ebenso wenig sollten wir diese Interventionsmacht über Gebühr ausschöpfen." (Herriger 2002, S. 201)

Beim weitern Betrachten der Thematik wird deutlich, dass sich auch hier wieder Grenzen bilden, diesmal explizit für den Sozialarbeiter. Zu finden sind sie dort, „...wo die Fremdheit des anderen Lebens für die beruflichen Helfer zur psychischen Belastung wird." (Herriger 2002, S. 199).

6.1 Psychische Belastung des Sozialarbeiters

Jeder Professionelle besitzt nur ein gewisses individuelles Maß an „...Verständnis, Empathie und Nachempfinden-können." (Herriger 2002, S. 199). Sobald eine Handlung des Klienten diesen Bereich überschreitet, wird es zur psychischen Belastung.

Einige Entscheidungen der Hilfesuchenden, die schwerwiegend den Vorstellungen des Betreuers widersprechen, sind ernst zu nehmende Widerstände der Beziehungsarbeit, die Konsequenzen mit sich tragen müssen. Zum einen die Möglichkeit eines Neubeginns mit veränderten Grundlagen der Arbeiter-Klient-Beziehung oder das Beenden der Arbeitsbeziehung und die Übergabe des Hilfesuchenden in andere professionelle Hände. Das sollte nicht als Versagen des Sozialarbeiters gesehen werden, sondern als professionelle Handlung, um die psychische Belastung zu verringern und eine gewinnbringende Hilfe für den Klienten sicherzustellen (vgl. Herriger 2002, S. 199-200).

6.2 Beispiel

Für die psychische Belastung habe ich ein passendes Beispiel aus meiner Praxiseinrichtung gefunden. Ich arbeite in einer Mädchenwohngruppe, in der die Verselbstständigung das zentrale Ziel darstellt. Bei uns ist Selbstverletzung im Moment ein großes Thema. Zur Intervention klären wir die Teenager über Alternativen auf. Zum Beispiel einen Gummi am Handgelenk schnipsen lassen, in eine Chilischote beißen oder an der Essigflasche riechen. Fast täglich führen wir Gespräche, welche Möglichkeiten zur Verfügung stehen und bieten uns auch als Ansprechpartner an. Allerdings werden diese Alternativen zur Selbstverletzung nicht genutzt und es kommt trotz dessen zu Schnitten an Armen und Beinen oder körperlichen Verletzungen anderer Art. Für die Pädagogen ist das sehr frustrierend, da sie merken, dass ihre Vorschläge nicht angenommen werden. Sie machen sich viele Gedanken, welche Wege es noch geben würde und wie sie gezielt helfen können, doch kommen immer wieder an den Punkt des Misserfolgs. Oft führen solche oder ähnliche Situationen zu einer psychischen Belastung, da eine Art Mauer im Weg steht, die nahezu undurchdringlich erscheint und Sozialarbeiter an beruflichen Grenzen kommen lässt.

7. Die Grenzen der Empowerment-Arbeit

Wie sich aus den vorigen Kapiteln herausfiltern lässt, verbirgt die Empowerment-Arbeit weit gefächerte Grenzen, die ich in den nächsten Zeilen noch einmal zusammentrage.

Empowerment geht von Menschen aus, die in der Lage sind, eigene Interessen und Ziele portionsweise aus eigener Kraft zu verwirklichen. Allerdings ist bei dem Klientel, welche die soziale Hilfe in Anspruch nimmt, nicht immer eine starke, autogene und erfolgreiche Grundlage gegeben. Die Qualifikationen, wie zum Beispiel Kooperations– oder Konfliktfähigkeit oder gar Sprachfähigkeit sind in manchen Fällen nicht vorhanden, was einer Empowerment-orientierten Arbeit im Wege steht (vgl. Galuske 2009, S. 265-267).

Die individuell angepasste Anwendung von Empowerment bringt die Gefahr mit sich, dass nur die Überzeugung der Kontrolle gestärkt wird, aber eine tatsächliche Kontrolle über die eigene Lebenswelt nicht existent ist. So würde sich an der unausgeglichenen Verteilung der Macht nichts ändern und der Zielgedanke des Empowerments wird nicht erreicht (vgl. Seckinger 2011, S. 316-317).

Hinzuzufügen ist, dass Sozialarbeiter, größtenteils unbewusst, über einen umfangreicheren Teil der Macht verfügen. In Situationen, wo reaktionsmäßig gehandelt werden muss, übt der Professionelle routinemäßig und intuitiv diese Macht aus, was in Fällen der Gefahr auch durchaus notwendig ist (vgl. Herriger 2002, S. 196-201). An diesem Punkt wird die Empowerment-Perspektive verfehlt.

Motivation zur Selbstwirksamkeit und zum Entwickeln eigener Lösungsstrategien lösen auf Seiten des Klienten oftmals Überforderung und Versagensängste aus und kann für die Umsetzung der Empowerment-Perspektiven kontraproduktiv sein (vgl. Herriger 2002, S. 198).

Auch die psychische Belastung des Sozialarbeiters ist an dieser Stelle nicht außeracht zu lassen und muss noch einmal zusammenfassend erwähnt werden. Übersteigt das eigensinnige Handeln des Klienten enorm das Verständnis des Professionellen, ist eine Empowerment-orientiere Arbeit, mit jeglicher Form der mutmachenden Prozesse, nicht mehr möglich und eine Konsequenz muss gezogen werden (Siehe Kapitel 6.1) (vgl. Herriger 2002, S. 199-200).

8. Fazit

Am Ende meiner Seminararbeit zum Thema „Beziehungswiederstände bei der Umsetzung der Empowerment-Perspektiven im sozialarbeiterischen Alltag“ möchte ich rückwirkend auf die Frage „Wie wirken sich Beziehungswiderstände auf die Umsetzung von Empowerment-Perspektiven aus und welche Schwierigkeiten verbergen sich für Klient und Sozialarbeiter hinter diesem Konzept der Sozialarbeit?“ eingehen und eine mögliche Antwort, mit Hilfe der davor zusammengetragenen Informationen, formulieren. Grundlegend ist zu sagen, dass Empowerment eine potenzielle Hilfe zur Bildung von Selbstbewusstsein des Klienten darstellt, damit neue Wege eröffnet und somit ein wichtiger Teil der Sozialarbeit geworden ist. Auf der anderen Seite stehen Beziehungswiderstände in Form von „Machtfallen“, die eine stetige Verführung der Machtausübung mit sich bringen und fehlende Kompetenzen, welche eigentlich die Grundlagen der Selbstwirksamkeit bilden, dem Empowerment-Perspektiven im Weg. Für Klienten folgt vor allem die Gefahr der Überforderung aus diesem Konzept der Sozialarbeit und führt uns deutlich vor Augen, an welchem Punkt Empowerment keine positive Wirkung mehr auf die Entwicklung des Klienten hat. Auch für den Sozialarbeiter zeigt sich Empowerment nicht immer optimal. Durch den Eigensinn des Klienten kann der berufliche Hilfsarbeiter an seine Grenzen kommen und psychische Belastungen entstehen.

Ich persönlich finde, dass Empowerment ein Konzept ist, welches viele Chancen eröffnet, aber nur dann Wirkung zeigt, wenn es explizit individuell und dosiert angewendet wird. In einem gewissen Maße ist es durchaus gewinnbringend, aber zu viel davon, kann schnell ein Gegenteil des Ziels von Empowerment bedeuten. Sozialarbeiter sollten meiner Meinung nach dazu angehalten werden, den Nutzen der Anwendung von Empowerment zu prüfen und demnach abzuwägen, in welcher Form sie eingesetzt werden sollte. Das könnte ein möglicher Lösungsansatz der Beziehungswiederstände bei der Umsetzung der Empowerment-Perspektiven im sozialarbeiterischen Alltag sein.

Duden, https://www.duden.de/rechtschreibung/Beziehung. Stand: 13. 03. 2018

Galuske, M.: **Methoden der Sozialen Arbeit.** Juventa, Weinheim, 2009

Herriger, N.: **Empowerment in der Sozialen Arbeit.** Kohlhammer, Stuttgart, 2002

Ilona von Serényi - Heilpraktikerin für Psychotherapie, https://www.paar-ehe-beratung.de/themen/machtverhaeltnisse-partnerschaft-beziehung-machtverteilung.html. Stand: 17.03.2018

Schmidt, H./ Schneeweiß B.: **Schritt um Schritt.** VEB Verlag Volk und Gesundheit, Berlin, 1989

Schreibner, J.: **Nähe und Distanz in helfenden Beziehungen.** Verlag Dr. Müller, Saarbrücken, 2008

Seckinger, M.: Empowerment, in: Otto, H./Thiersch, H. (Hrsg.): **Handbuch Soziale Arbeit.** Ernst Reinhardt, München, 2011

Thiersch, H.: Nähe und Distanz in der Sozialen Arbeit, in Dörr, M./Müller, B. (Hrsg.): **Nähe und Distanz. Ein Spannungsfeld pädagogischer Professionalität.** Juventa, Weinheim, 2007